Coordinador de la colección: Daniel Goldin
Diseño: Joaquín Sierra, sobre una maqueta
original de Juan Arroyo
Diseño de portada: Joaquín Sierra
Dirección artística: Mauricio Gómez Morín

A la orilla del viento...

Primera edición en alemán: 1993
Primera edición en español: 1996
    Tercera reimpresión: 1999

Título original:
Maja und der Hausaufgaben-Trick

© 1993, Benziger Edition, Arena Verlag GmbH, Würzburg
ISBN 3-401-07038-X

D.R. © 1996, Fondo de Cultura Económica
Av. Picacho Ajusco 227, México, 14200, D.F.

ISBN 968-16-4727-0

Impreso en México

JO PESTUM

ilustraciones de
Martha y Carolina Avilés

traducción de
Viviana Aguirre

y el truco para hacer la tarea

c f e FONDO DE CULTURA
ECONÓMICA

❖ EN EL ciruelo, junto a la ventana, los gorriones trinaban por el clima. Pero Maya no les prestaba atención.

En su cuarto, frente a su mesa de trabajo, mordisqueaba sus lápices de colores.

"¡Caray, qué difícil!", pensaba Maya.

A los niños y las niñas de primer año les habían dejado una tarea. Cada uno debía pintar su animal favorito en el cuaderno de dibujo.

Maya miraba la hoja sin saber qué hacer. ¡Simplemente no podía decidir cuál animal pintar!

Por su cabeza pasaban revoloteando muchos animales, como abejas en un panal.

Su mamá entró a la recámara:

—¿Maya, por qué no estás pintando? —le preguntó—. ¿Es que no tienes un animal preferido?

—¡Claro que sí! —exclamó Maya—. ¡Tengo muchísimos! Por eso no sé cuál de todos pintar.

—¡Esfuérzate un poquito! —le dijo su mamá, acariciándole el cabello—. ¿Qué te parece un pony? Son lindos y a ti te gustan los ponys, ¿o no?

—Claro —respondió Maya—. Los ponys me fascinan. Pero también me encantan los elefantes.Y los borreguitos y los leones salvajes y los venados y los perros. Y también los chimpancés. ¿Cuál de todos debo pintar?

Ante esta variedad, su mamá no supo qué aconsejarle.

Entonces le dijo:

—¡Piénsalo muy bien! Qué tal si no se te ocurriera nada. De seguro hay algún animal que prefieres a los demás. Ahora debo regresar a la oficina, terminó el descanso del mediodía. Y, por favor, deja de payasear, ¿sí? ¡Al rato nos vemos, Maya!

Maya escuchó cómo se alejaba el auto de su mamá.

"¡Qué tontería!", pensó.
"¡Para nada estoy payaseando!"
    De verdad que no: Maya no sabía
cómo hacer la tarea, y de tanto pensar
se le pusieron rojas las orejas.
    "¿Debería pintar un canguro?",
siguió pensando. "¿O un cisne
blanco como la nieve? ¿O tal vez
un pavo real con cola tornasolada?
Las jirafas de cuellos largos
también me gustan, y los pandas
juguetones. O mejor un
papagayo de colores o un
ratón o un delfín?"

Le vino a la mente el perrito pinto de la señora
Pérez. Tenía la lengua muy finita.
Después sus pensamientos se trasladaron
a los hipopótamos de África y a los osos,
grandes y fuertes.

Luego se acordó del rancho donde había estado
hacía poco, y de los becerritos de ojos dulces,
y los potrillos de patas desgarbadas.

¿Cómo le haría para pintar un animal favorito
si tenía tantos?

"¡Caray, qué difícil!",
pensó de nuevo.
   Maya estaba sentada,
columpiando las piernas,
esforzándose por decidir.
   De repente se le ocurrió
una idea maravillosa.
Saltó de la silla y bailó
con alegría una danza apache.

Después tomó los lápices de colores
y empezó a trabajar.

Maya pintó una pradera con muchas flores
de colores, de fondo puso arbustos
y árboles grandes.

En la parte de arriba pintó de azul clarito
un cielo de verano, con lindas nubes de algodón
y un sol dorado como la miel.

¡El dibujo estaba listo!

Pero, ¡UN MOMENTO! En el dibujo no había ningún animal, ¡ni uno!

Maya se rió. Su idea genial no estaba terminada, seguía… ¡En el cuaderno de dibujo quedaban muchas páginas en blanco! En todas ellas dibujó animales. Estaba tan concentrada que se olvidó de todo lo demás, y una y otra vez tenía que sacar punta a sus lápices

de colores. Sobre todo al rojo, que estaba
muy gastado.

    ¡Maya nunca había hecho una tarea tan difícil!

    Escribir letras y palabras y números: algo tan
sencillo lo hacía en un dos por tres. Sólo en esta
ocasión le tomó varias horas hacer la tarea.

    Por último, Maya pintó un camello café
con sus dos jorobas.

¿Terminó la tarea? ¡No!

Todavía quedaba mucho por hacer,
pero ahora debía ser especialmente hábil.

Maya recortó con las tijeras sus animales
favoritos. En total, veintisiete.

Muy pronto el piso se cubrió de papeles,
por todas partes había recortes.

—¡Uf! —exclamó Maya—.
¡Me duelen los dedos de tanto cortar!

Pero continuó hasta acabar.

Tocaba el turno al gallo; las plumas de su cola eran azules, verdes y negras, y su majestuosa cresta, de color rojo. Casi casi se podía oír su quiquiriquí.

Por fin había terminado.

Maya estaba cansada y satisfecha.

Al rato llegaron sus papás. Cuando vieron la tarea de Maya se quedaron asombrados.

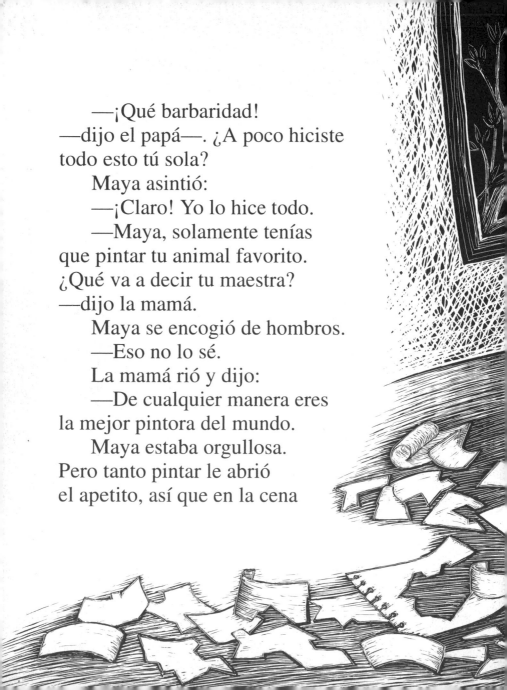

—¡Qué barbaridad!
—dijo el papá—. ¿A poco hiciste
todo esto tú sola?

Maya asintió:

—¡Claro! Yo lo hice todo.

—Maya, solamente tenías
que pintar tu animal favorito.
¿Qué va a decir tu maestra?
—dijo la mamá.

Maya se encogió de hombros.

—Eso no lo sé.

La mamá rió y dijo:

—De cualquier manera eres
la mejor pintora del mundo.

Maya estaba orgullosa.
Pero tanto pintar le abrió
el apetito, así que en la cena

se tomó tres tazas de
chocolate, y se comió
dos panes con mantequilla
y paté, dos panes con
mantequilla y queso de hoyos,
y un plato de yogur con fresas.
   Después se metió a la cama y se quedó
profundamente dormida.
   ¿Habrá soñado Maya con todos sus animales?
   A la mañana siguiente, cuando despertó,
no se acordaba.

Saltó de la cama contenta, con ganas de ir
a la escuela.
Desayunó y luego tomó su mochila
y su cuaderno de dibujo.

Metió los animales recortados en una bolsa
de papel y emprendió el camino.

En la esquina la esperaba su amigo Simón.

—¡Hola, Maya! —saludó Simón—.
Yo pinté un caballo negro con su crin
muy larga. Y tú, ¿cuál es tu animal favorito?

Maya sonrió misteriosamente.

—¡No te lo puedo decir!

—Cómo te gusta hacerla
de emoción —reclamó
Simón—. ¿Qué llevas
en esa bolsa tan curiosa?

—Eso tampoco
te lo puedo decir
—contestó Maya.

Cerca de la iglesia, Maya
y Simón se encontraron con Juan,
quien lucía su peinado estilo puerco espín.

—Mi animal favorito es Bumbas, nuestro perro San Bernardo —dijo Juan—. En mi dibujo se reconoce claramente. ¿Cuáles son sus animales favoritos?

—Yo pinté un caballo negro —dijo Simón—. Pero Maya no quiere decir lo que pintó.

Juan se sorprendió.

—¿Por qué no, Maya?

—Porque es una sorpresa.
¡Por eso! Pronto lo verán
en la escuela.

Al momento del *din-don-dan*
de la campana los niños y las niñas
se apresuraron a sus salones.

La señora Pastor, con su alegre cara
tras los lentes, daba clases a los de primero.

—¡Buenos días! —saludó a todos.

Los niños y las niñas respondieron
a coro:

—¡Buenos días, señora Pastor!

—Bueno —dijo la maestra—, ahora saquen
sus dibujos. Tengo mucha curiosidad por verlos.

Entre risas y bullicio, los niños abrieron sus
cuadernos de dibujo. Todos querían ver qué habían
dibujado los demás.

Había dibujos de perros salchicha
y de ponys, de cabras y conejos,
de pericos y borregos.

Inés dibujó su pescado dorado.

La señora Pastor miró con detenimiento todos los dibujos.

Cuando llegó a la banca de Maya, dijo sorprendida:

—Maya, ¿dónde está tu tarea? Pintaste una pradera de colores, pero por ninguna parte puedo ver un animal. ¿Acaso no sabías cómo hacerla?

Ése era el momento que Maya esperaba.

—¡Chancanchacán! —exclamó, y buscó en la bolsa de papel. Sacó al elefante y lo colocó sobre el dibujo.

Se veía como si el elefante estuviera en medio de la pradera.

—Ahora el elefante es mi animal favorito —dijo Maya.

Después de unos segundos quitó al elefante y puso al canguro sobre el dibujo.

—Ahora el canguro es mi animal favorito —dijo Maya

Los niños y las niñas de primero y la señora Pastor se quedaron impresionados.

Entonces, Maya sacó al gallo de la bolsa.

—¡Y ahora el gallo es mi animal favorito!

Después le tocó a la vaca, le siguieron el león, la jirafa y el cisne. Luego la paloma y el camello. Y así muchas veces más, hasta que Maya colocó a los veintisiete animales.

La señora Pastor rió asombrada.

—Bien, Maya, has sido muy aplicada.
Y tus animales están muy bonitos. Pero ahora
dinos cuál de todos estos animales es tu favorito.

Maya miró a la maestra.

—¡No tengo sólo un animal favorito!
—exclamó ella—. ¡Todos éstos son mis favoritos!
¡Todos! ¡Cada uno me gusta tanto como el otro!

La maestra comenzó a reír.

—Ah, ahora entiendo... No te pudiste poner de acuerdo, Maya. ¿No es cierto?

Maya asintió.

—Es cierto. Por eso estuve mucho tiempo pensando, entonces fue cuando se me ocurrió este truco.

—¡Buen truco! —dijo la maestra—. Tu idea fue genial.

Tras sus lentes, la maestra le hizo un guiño a Maya.

—En realidad hiciste tu tarea especialmente bien, Maya.

Inés aplaudió y gritó:

—¡Maya tuvo la mejor idea del mundo!

Entonces los niños y las niñas colgaron sus dibujos en las paredes del salón.

Desde ese día Maya fue a la escuela con más
ganas. Porque ahí no sólo veía a sus amigos
sino también a todos sus animales favoritos.
    Cada día había un animal diferente
en medio de la pradera... ❖

Este libro se terminó de imprimir y encuadernar en el mes de julio de 1999 en Impresora y Encuadernadora Progreso, S. A. de C. V. (IEPSA), Calz. de San Lorenzo, 244; 09830 México, D. F. Se tiraron 7 000 ejemplares.

para los que están aprendiendo a leer

Bety resuelve un misterio
de Michaela Morgan
ilustraciones de Ricardo Radosh

A Bety le gusta ser útil. Un día, limpiando la selva, se encuentra una lupa.
"Ajá", **piensa.** "Voy a convertirme en una detective estrella. Sólo me falta un misterio."
Y se pone en marcha...

Michaela Morgan es una autora inglesa, a quien, además de escribir, le gusta mucho trabajar con niños.

La ovejita negra
de Elizabeth Shaw

—Esa oveja negra no me obedece —**se quejaba Polo, el perro ovejero del pastor—**. ¡Y piensa demasiado! Las ovejas no necesitan pensar. ¡Yo pienso por ellas!

Una tarde, de pronto, comenzó a nevar; las ovejas estaban solas.

Y, ¿a cuál de ellas se le ocurrió qué hacer para resguardarse del frío durante la noche?
¡A la ovejita negra!

Elizabeth Shaw nació en Irlanda en 1920. Escribió e ilustró muchos libros para niños y jóvenes. Murió en Alemania en 1993.

La peor señora del mundo
de Francisco Hinojosa
ilustraciones de Rafael Barajas 'el fisgón'

En el norte de Turambul había una vez una señora que era *la peor señora del mundo.* A sus hijos los castigaba cuando se portaban bien y cuando se portaban mal.

Los niños del vecindario se echaban a correr en cuanto veían que ella se acercaba. Lo mismo sucedía con los señores y las señoras y los viejitos y las viejitas y los policias y los dueños de las tiendas.

Hasta que un día sus hijos y todos los habitantes del pueblo se cansaron de ella y decidieron hacer algo para poner fin a tantas maldades.

Francisco Hinojosa es uno de los más versátiles autores mexicanos para niños. Ha publicado en esta colección Aníbal y Melquiades, La fórmula del doctor Funes *y* Amadís de anís… Amadís de codorniz.

para los que están aprendiendo a leer

El invisible director de orquesta
de Beatriz Doumerc
ilustraciones de Áyax y Mariana Barnes

El Invisible Director de Orquesta estira sus piernas
y extiende sus brazos; abre y cierra las manos, las
agita suavemente como si fueran alas… Y ahora, sólo
falta elegir una batuta apropiada. A ver, a ver… ¡Una
vara de sauce llorón, liviana, flexible y perfumada! El
director la prueba, golpea levemente su atril
minúsculo y transparente… ¡Y comienza el concierto!

*Beatriz Doumerc nació en Uruguay. Ha publicado,
tanto en España como en América Latina, más de treinta
títulos. En la actualidad reside en España.*